AF315516

10 Avril 1888
V

VENTE DU MARDI 10 AVRIL 1888

HÔTEL DROUOT, SALLE Nº 5

OBJETS DE LA PERSE

Armes — Cuivres — Faïences

RICHES ÉTOFFES

TAPIS

EXPOSITION PUBLIQUE

LE LUNDI 9 AVRIL 1888

DE 1 HEURE 1/2 A 5 HEURES

<table>
<tr><td>Mᵉ PAUL CHEVALLIER</td><td>M. CH. MANNHEIM</td></tr>
<tr><td>COMMISSAIRE - PRISEUR</td><td>EXPERT</td></tr>
<tr><td>10, rue Grange-Batelière, 10.</td><td>7, rue Saint-Georges, 7.</td></tr>
</table>

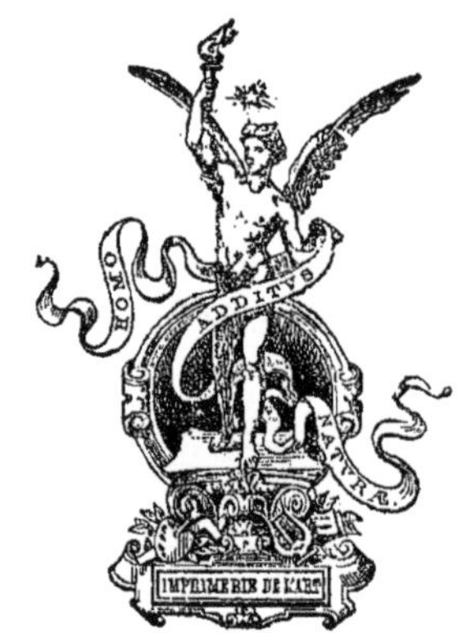
HONOR
ADDITVS
ALVNA
IMPRIMERIE DE L'ART

[illegible]

CATALOGUE

DES

OBJETS D'ART PERSANS

Armes damasquinées, Cuivres gravés

FAÏENCES

Belles plaques à reflets métalliques

RICHES ÉTOFFES

Velours brodés, Soieries, Tapis

OBJETS DE CHINE ET DU JAPON

Jades, Laques, Bois sculptés, Porcelaines

Curiosités diverses

DONT LA VENTE AURA LIEU

HOTEL DROUOT, SALLE Nº 5

Le Mardi 10 Avril 1888

A DEUX HEURES

Mᵉ PAUL CHEVALLIER	M. CHARLES MANNHEIM
COMMISSAIRE-PRISEUR	EXPERT
10, rue de la Grange-Batelière, 10	7, rue Saint-Georges, 7

EXPOSITION PUBLIQUE

Le Lundi 9 Avril 1888, de 1 heure 1/2 à 5 heures.

CONDITIONS DE LA VENTE

Elle sera faite au comptant.

Les acquéreurs payeront, en sus des adjudications, *cinq pour cent* applicables aux frais.

L'Exposition mettant le public à même de se rendre compte de l'état des objets, il ne sera admis aucune réclamation une fois l'adjudication prononcée.

Paris — Imp. de l'Art, E. Ménard et Cie, 41, rue de la Victoire.

DÉSIGNATION DES OBJETS

ARMES ORIENTALES

1 — Beau casque persan en damas damasquiné
d'or, à inscriptions et ornements; il est sur-
monté d'une pointe quadrangulaire et muni d'un
nazal, de deux plumails et d'un camail à mailles
fines.

2 — Ancien brassard persan en damas damasquiné
d'or, avec charnières en argent et garde-main en
mailles.

3 — Curieux habillement de jambes, composé de
mailles rivées et de lamelles en fer gravé et
doré, enrichi de petites bossettes en argent
doré. Travail persan.

4 — Rondache persane en peau de rhinocéros,
ornée au centre de cinq bossettes semi-ovoïdes
en argent gravé.

5 — Yatagan oriental à poignée et fourreau en argent ciselé, doré et niellé en partie; lame incrustée d'argent.

6 — Hache d'armes à fer décoré d'incrustations d'argent.

7 — Poire à poudre orientale, en cuivre gravé et à décor d'ornements en relief, revêtue de feuilles d'argent.

8 — Pulvérin en acier affectant la forme d'un poisson.

9 — Autre en cuivre finement gravé et cerclé d'argent.

10 — Autre à ornements en relief revêtus de feuilles d'argent.

11 — Autre en cuivre gravé.

CUIVRES DE LA PERSE

12 — Coffret rectangulaire en cuivre gravé et rehaussé d'argent, à décor d'arabesques, de médaillons à figures et de bandes d'inscriptions coufiques. Ancien travail persan.

13 — Coupe à pied en cuivre gravé avec rehauts d'argent, à décor de rosaces et bande d'inscription.

14 — Coupe à piédouche en cuivre gravé à bandes d'entrelacs et d'inscriptions coufiques.

15 — Coupe hémisphérique en cuivre gravé, décorée de sujets de chasse et d'une bordure composée de trois bandes d'inscriptions persanes.

16 — Autre, plus petite, entièrement gravée à feuillage, ornements et inscriptions.

17 — Petit vase à corps sphérique et col cylindrique en cuivre gravé.

18 — Flacon piriforme en cuivre gravé à décor de fleurs.

19 — Petite coupe gravée à figures et animaux.

20 — Petit plateau à ombilic, gravé d'arabesques, d'animaux et d'inscriptions.

21 — Huit amulettes : petits animaux en bronze.

22 — Plateau oriental à bord festonné, en métal incrusté d'or et d'argent, décoré d'une rosace centrale et de bandes rayonnantes.

23 — Narghilé persan en cuivre et en bois, avec ornements en argent.

24 — Lanterne persane en cuivre gravé, repercé et étamé, à bande d'inscription et décor à sujets de chasse et arabesques.

25 — Bassin profond à bord évasé, en cuivre, et gravé intérieurement.

26-27 — Quatre cloches persanes, pour le service de la table, en cuivre gravé, étamé et rehaussé de couleur.

28 — Plaque rectangulaire en cuivre repoussé, représentant trois personnages en relief sur fond à treillis ajouré.

29 — Plusieurs pièces : pied de narghilé et couvercle de brûle-parfums, etc.

BRONZES ORIENTAUX

30 — Brûle-parfums formé d'une chimère portant une divinité.

31 — Autre sphérique à nervures et bordure ornementée, muni de deux anses, trompes d'éléphants, couvercle et socle en bois sculpté.

32 — Autre plus petit à petites anses surélevées et
reposant sur trois pieds droits; socle et couvercle en bois.

33 — Deux vases, cornets à anses en bronze de la
Chine.

34 — Brûle-parfums rectangulaire avec socle et
couverture bois dur.

35 — Deux coupes en bronze à anses et pieds
carrés.

36 — Deux vases.

37 — Deux vases, bouteilles, décorés, autour du
col, d'oiseaux en haut-relief.

38 — Vase couvert, à décor d'oiseaux et d'arbustes
en bronze de la Chine.

39 — Coupe en bronze.

JADES

LAQUES, CURIOSITÉS DIVERSES

40 — JADE VERT. Pitong double simulant deux
troncs d'arbres évidés et entourés de branchages
en relief. Socle en bois sculpté.

41 — Agate blanche et rouge. Autre pitong, tronc d'arbre et branchage sur socle en bois de fer composé de branchages fouillés à jour.

42 — Cristal de roche enfumé. Bloc figurant un singe sur une branche. Socle en bois.

43 — Pierre de lard. Deux tasses avec présentoirs et un couvercle; elles sont gravées d'inscriptions.

44 — Coupe gravée et portant une inscription.

45 — Malachite. Deux coupes sur socles hexagones.

46 — Pierre de lard, teinte couleur lapis. Brûle-parfums carré avec socle et couvercle en bois de fer.

47 — Deux boîtes rondes ornées sur le couvercle d'oiseaux et de fruits en laque doré sur fond aventurine.

48 — Boîte rectangulaire, décor à figures en laque doré sur fond noir; au pourtour, six médailles de métal rapportées et encadrées d'incrustations de nacre.

49 — Deux boîtes cylindriques couvertes, laque noir et or, et une boîte carrée.

50 — Deux étuis à opium en laque noir et or.

51 — Boîte carrée en laque aventurine à rosaces, et petite boîte d'écaille laquée.

52 — Coffret à thé en laque.

53 — Divinité indienne en bois doré, placée dans une vitrine à cage.

54 — Pendule chinoise en bois de fer sculpté et découpé à jour.

55 — Deux statuettes chinoises en bois sculpté.

56 — Deux autres en bois peint et doré.

57 — Pitong annamite, bois dur incrusté de nacre.

58 — Autre chinois, bambou sculpté.

59 — Coffret chinois, bois sculpté.

60 — Lot d'appliques japonaises en métal.

61 — Gourde ou écuelle de derviche en coco sculpté,
à inscription persane; elle est munie d'une
chaînette de suspension en cuivre.

62 — Coffret persan bois sculpté et gravé; au couvercle, combat d'un dragon et d'un lion.

63 — Deux miroirs persans en bois sculpté et gravé.

64 — Cabinet en bois décoré d'incrustations en os
gravé.

65 — Petit miroir en mosaïque de la Perse, rehaussé
de dorure.

66 — Coffret-papeterie en mosaïque de Bombay.

67 — Pipe, zarafts en cuivre peint, œufs d'autruche,
et divers objets sous ce numéro.

68 — Deux supports chinois carrés.

69 — Deux autres, ronds, à dessus de marbre.

70 — Lot de socles chinois.

71 — Pendule en bronze ciselé et doré, en forme de
vase à cadran tournant; elle repose sur un socle
décoré de plaques de malachite.

72 — Pendule de marbre noir incrusté de plaquettes en lapis et en malachite et surmontée d'une coupe en agate grise mamelonnée.

73 — Coffret en fer, autre coffret, baromètre, etc.

74 — Vase à couvercle et à anses serpents en argent repoussé, émaillé et enrichi de camées et de pierres de couleur, telles que rubis, cabochons, turquoises, etc.

75 — Six pièces verrerie orientale et de Venise : flacon et buire émaillés bleu; flacon noir et aventurine.

76 — Papeterie de l'Empire en nacre gravée avec monture en bronze doré.

FAIENCES PERSANES

77 — Belle plaque angulaire de revêtement, en ancienne faïence de la Perse, à riche décor de fleurs arabesques et d'inscriptions, à reflets métalliques, jaune d'or, rubis et bleu nacré, avec émaux bleu et blanc.

78 — Autre plaque d'angle, de même faïence, à décor d'arabesques à reflets métalliques, avec émaux bleu et blanc.

79 — Vingt briques en forme d'étoiles, à inscriptions, émaillées bleu et blanc.

80 — Plusieurs briques et carreaux émaillés à reflets métalliques.

81 — Flacon surbaissé en faïence persane, décor à fleurs arabesques en jaune métallique sur fond d'émail blanc.

82 — Grand bol en faïence de Perse à dessin bleu et brun sur fond d'émail blanc, avec ornements transparents.

83 — Bol en faïence de Perse émaillée bleu et blanc et à ornements transparents.

84 — Soucoupe d'ancienne faïence de Perse fond bleu et décor à reflets jaune d'or et mordoré.

85 — Deux pièces : pomme d'amortissement en faïence de Perse, décor à personnages, et un petit vase décoré en bleu.

PORCELAINES DE CHINE, ETC.

86 — Trois flacons-tabatières en porcelaine de
Chine, deux à fond bleu, l'autre vert d'eau.

87-88 — Deux paires de grands vases en porcelaine
moderne de Chine, décor dit à mandarins.

89-90 — Deux paires de vases quadrilobés en céla-
don craquelé.

91 — Deux vases balustre, Chine, émaillés jaune.

92 — Deux vases cylindrique, en porcelaine de
Chine.

93 — Plusieurs paires de vases en Chine, forme et
décor variés.

94 — Cache-pots en porcelaine moderne décorée.

95 — Deux vases en porcelaine moderne, à décor
de groupes d'enfants sur fond rouge, avec monture en argent.

96 — Pot à tabac, magot chinois.

97 — Crapaud en porcelaine de Chine émaillée vert et rose.

98 — Deux vases en blanc de Chine, l'un cylindrique, l'autre de forme surbaissée à deux anses, socles et couvercles en bois sculpté.

99 — Deux chiens de Fô en regard; vieux blanc de Chine.

100 — Statuette en terre de Boccaro.

101 — Deux très grands vases en terre laquée et décorée dans le goût chinois de compartiments à fond rouge sur un fond noir.

102 — Deux autres, pareils.

103 — Deux fûts de colonne, de même travail.

ÉTOFFES DE LA PERSE ET AUTRES

104 — Ancien tapis de prière arménien, en velours de soie avec bordure à fond bleu, décorée de fleurs et d'ornements de couleur, et milieu fond clair avec lampe à la partie supérieure.

105 — Beau tapis persan en velours ponceau à riche décor d'oiseaux, de fleurs et de feuillages, avec inscriptions, en broderie métallique, or et argent, et soies de couleur.

106 — Autre beau tapis persan, de décor analogue et de même travail.

107 — Tapis carré de velours vert richement brodé or, argent et soies de couleurs, et offrant au centre un soleil, des paons et des motifs de fleurs.

108 — Ancien tapis persan de velours noir brodé en fils d'argent et soies de couleurs; au centre, rosace entourée d'oiseaux. Bordure à festons et fleurs.

109 — Autre tapis de même travail et d'ornementation analogue.

110 — Tapis de velours noir à riche décor d'oiseaux, fleurs et feuilles, exécuté en lamé métallique doré et argenté.

111 — Deux coussins de velours noir à décor de fleurs en broderie d'argent et soies de couleurs.

112 — Deux belles portières orientales à riche décor de branches de fleurs et de larges rinceaux en lamé métallique, doré et argenté, sur fond de velours de soie, bleu, rouge et vert.

113 — Coffret persan en velours vert, brodé en fils d'argent et soies de couleurs.

114 — Tapis à larges bordures en velours de soie à dessins de couleur.

115-116 — Deux pièces de velours de soie ponceau mesurant chaque, environ 10 mètres.

117 — Tapis en velours à dessin de rosaces inscrites dans un treillis, en rouge sur fond jaune.

118 — Coussin à festons d'œillets en velours bleu sur champ jaune.

119 — Tapis carré de beau velours de soie de couleur à dessin de fleurs inscrites dans des imbrications rehaussées de fils d'argent.

120 — Autre à dessin de velours ponceau consistant en palmettes inscrites dans un entrelacs sur fond d'or.

121 — Tapis carré à dessin de velours ponceau fleurettes dans un treillis de feuilles sur champ tissé argent.

122 — Tapis carré en satin cerise à rosace centrale et festons de fleurs, en broderie d'argent et de soies de couleur.

123 — Corsage de femme en velours de Perse à fleurettes et festons ponceau sur champ lamé argent.

124 — Casaque de femme, en soie de Perse fond violet parsemé de fleurettes brochées argent.

125 — Couvre-lit persan à décor de fleurs et de palmettes en broderie de soies de toutes couleurs sur toile fine.

126 — Couvre-lit de la Perse, milieu à rosaces, bordure à dessin cachemire en broderies de soies de couleurs sur toile fine.

127 — Tapis en soie fond jaune à festons de fleurs brochés en couleurs.

128 — Manteau en brocart d'or et d'argent à large

dessin de fleurs brochées en couleur, soierie du temps de Louis XV.

129 — Tapis persan en mosaïque de drap de Recht décoré de broderies de couleur.

130 — Grand étendard de toile aux armes de la Perse, peintes dans le milieu et encadrées d'une bordure à inscriptions peintes dans des ornements imprimés.

131 — Grand couvre-lit en toile imprimée de la Perse.

132 — Autre, plus petit à fond blanc.

133 — Deux portières en toile imprimée.

134 — Coussin persan en broderie de soies de couleur à bandes obliques chargées d'ornements.

135 — Deux autres coussins persans en broderie très fine en soies multicolores.

136 — Châle en batiste avec bordure finement brodée en soie blanche.

137 — Bonnet de derviche en toile piquée de soie blanche.

138 — Autre brodé en soie blanche sur fond bleu.

139 — Bonnet de drap brodé.

140 — Deux cartouchières, velours noir brodé.

141 — Gibecière d'enfant en tapisserie.

142 — Sac en tricot de soie et deux manchettes brodées argent.

143 — Chaussettes en tricot de laine.

TAPIS

144 — Grand tapis de Chiraz à riche décor de fleurs avec trois médaillons à figures et bordure à guirlandes portant une inscription.

145 — Tapis de Perse, milieu fond blanc, bordure fond rouge.

146 — Tapis de Kurdistan, milieu fond noir, bordure fond jaune.

147 — Tapis persan, fond blanc, à décor de palmes.

148 — Sac de voyageur, tapisserie et tapis.

149 à 168 — Vingt tapis de la Perse, de décors variés et de différentes dimensions

MEUBLE

169 — Petite commode Régence en bois d'amarante et bois violette, garnie de cuivres rocailles et à dessus en marbre brèche d'Alep.

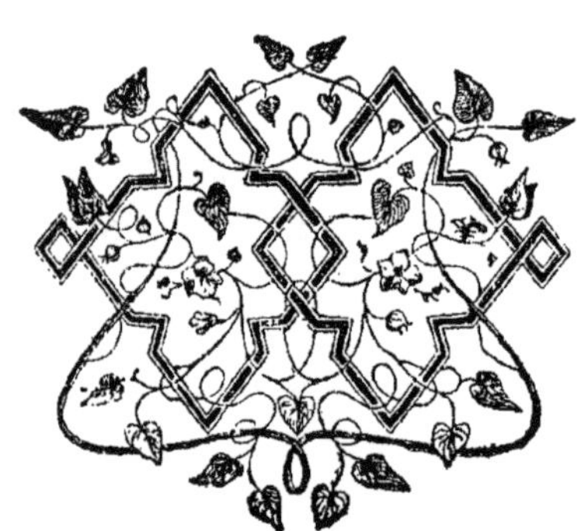

www.ingramcontent.com/pod-product-compliance
Ingram Content Group UK Ltd.
Pitfield, Milton Keynes, MK11 3LW, UK
UKHW022337170726
13837UKWH00005BA/2303